Un Diálogo del Sufrimiento
Entre la Crucifixión
Y el Holocausto

por Rick Wienecke

Las citas de las escrituras son de la Biblia de las Américas

Contribuciones a este plan de estudio: Pam Jarvis, Geoff Barnard y Mike Jarvis

Traducción al español: Laura Garcia

Primera edición a color: 2014
Revisión de la edición en blanco y negro: 2015
Fotos: © 2011 Mike Jarvis & © 2014 Petra van der Zande

ISBN 978-965-7542-59-0

Una Producción Tsur Tsina

Información adicional	
Sitios web:	www.castingseeds.com
	www.lulu.com
Email:	castingseeds@gmail.com

Tabla de contenidos

Introducción

¿Cómo ocurrió?

¿Dónde comienza una oración?

¿Sucede al mismo tiempo que la lágrima comienza a caer, o siempre ha estado ahí, esperando el momento adecuado para expresarse?

Yo lo llamo un 'de repente'... cuando el momento de Dios y Su voluntad se entrecruzan.

Dios comenzó a mostrarme algo en 2001 con una serie de interacciones emocionales que sé que sólo podrían haber sido iniciadas por Él. Colectivamente, se convirtieron en los 'de repente' que llamaron mi atención para una pregunta: "¿Podrían el Holocausto y la Crucifixión tener algo en común? ¿Podría existir una comprensión entre estas dos personalidades a través de sus padecimientos comunes?" La historia de la Iglesia siempre había separado a los dos, pero ¿podría haber un 'Diálogo del Sufrimiento', a través del arte, que pudiese unir a los dos?

La idea me asustó profundamente. Los lugares y personalidades del Holocausto y de la Crucifixión parecían inalcanzables. Durante casi un año completo, discutí con Dios acerca de mi participación en la idea.

Mi último argumento fue: "¿Cómo podría crear un monumento conmemorativo a los seis millones que perecieron en el Holocausto si ni yo mismo lo recuerdo?". Yo no soy judío, así que no tengo dentro de mi propia familia un recurso de recuerdos a partir de los cuales comenzar. Soy canadiense, no europeo, así que ni siquiera tengo una memoria geográfica a partir de la cual crear. Pensé que era un buen argumento y me convencí durante un tiempo de que no era para mí.

De repente sentí que el Señor me decía: "Pero yo sí... tengo un recuerdo de cada hombre, de cada mujer, de cada niño, de cada vagón de tren, de cada campo, de cada pozo, de cada grito de cada cámara de gas... tengo un recuerdo de todo. Puedes crear a partir de mi memoria, no la tuya."

Y así comenzó la oración...

¿Por qué tener un diálogo del sufrimiento?

Una persona que quiere ser comprendida en sus sufrimientos sabe que está a punto de hacerse vulnerable. Debe tomar la oportunidad de hablar, con la esperanza de que la otra parte oiga y entienda y de alguna manera comience a identificarse con su dolor. Ahí radica la posibilidad de que, finalmente, se escuche ese dolor y sufrimiento y comience un diálogo útil.

Este programa es una oportunidad para que usted pueda echar un buen vistazo a las personalidades del Holocausto y la Crucifixión. Es también un examen de las siete palabras pronunciadas durante la Crucifixión y las palabras a menudo no pronunciadas del Holocausto. Para ver la naturaleza visual de la obra de arte en sí. Para, en última instancia, preguntarse: "¿De qué forma el corazón del Padre está involucrado en los dos? ¿Por qué Él une tan fuertemente Sus lágrimas y Su memoria a ambos hijos?"

El Plan de Estudiosno es en modo alguno un ejercicio intelectual que de alguna manera enmarca y trae un entendimiento del lugar de sufrimiento entre estas dos personalidades. Debe estar dispuesto a vivir en la tensión de no saber las respuestas y permitir que Dios el Padre comparta Sus lágrimas, una camada a la vez, en las preguntas...

Tal vez nunca entendamos completamente.

Indicaciones

El plan de estudios está diseñado para ser cubierto en una serie de reuniones de 1½ a 2 horas, idealmente una vez por semana.

Reúna estas herramientas antes de comenzar:

1. La Biblia, en formato de libro o digital. A menos que se indique lo contrario, la Biblia de las Américas es la versión que se ha utilizado como texto de referencia para todo el plan de estudios. Biblos, en internet (http://biblos.com), es un gran recurso gratuito con numerosas traducciones y herramientas de estudio.
2. El DVD de la Fuente de las Lágrimas.
3. El libro Diálogo del Sufrimiento (esta publicación).

Después de haber ensamblado las herramientas anteriores:

a. Su primera reunión debe comenzar viendo el DVD entero de la Fuente de las Lágrimas, seguido por un tiempo de discusión sobre sus impresiones generales en relación a la Fuente de las Lágrimas, sus significados y sus implicaciones.

b. Comience las reuniones posteriores viendo (nuevamente) la parte del video de la Fuente de las Lágrimas que coincide con el panel que está estudiando.
c. Lea los objetivos y los comentarios en su libro.
d. Complete las preguntas de discusión.
e. Opcional: complete con anotaciones y actividades adicionales.

Getsemaní - Sufrimiento y Muerte

Hay tanto unido a esta palabra "Getsemaní": es un lugar de oscuridad y horror y de una intensa lucha de voluntades. Al mismo tiempo, es también un jardín donde las aceitunas son cosechadas y aplastadas para sacar aceite, usado en los tiempos bíblicos para la curación y para la unción de reyes. En esta noche, la más oscura de todas las noches, la voluntad de vivir fue aplastada y prensada para dar el aceite de la vida, porque Alguien le pidió a Él que lo hiciera, no simplemente muriendo, lo que podría haber aliviado la lucha, sino a través de una lenta y metódicamente elaborada tortura, una muerte diseñada para infligir la máxima cantidad de dolor durante un tiempo lo más largo posible.

De alguna forma, la escultura de Getsemaní reflejó cómo me sentía antes de crear la "Fuente de las Lágrimas". Fue una lucha tan grande comenzar esta encomienda ordenada por Dios. Sabía que me costaría todo y que podría perder a todos mis amigos. Había sido un milagro que yo, el gentil, hubiera recibido la ciudadanía israelí, un signo del cielo de que debía permanecer en Israel, formar parte, aprender el idioma. Me había unido al kibutz y servido en las FDI. Dios me había dado un amor por estas personas y las relaciones que se habían forjado reflejaban la mano de Dios en todo esto. Era un gran honor formar parte de este pueblo. ¿Había alguna posibilidad de que pudiera perderlo todo?

El Holocausto es uno de los hilos más profundos que atraviesan el tejido de este país. Tocar este tema parecía como entrar en algo tan sagrado que era mejor evitarlo. Era un lugar al que uno se acercaba con preguntas, pero nunca con respuestas. ¿Cómo podría conectar los terribles recuerdos del Holocausto con la crucifixión de Jesús y Sus últimas siete palabras?
Mis amigos israelíes se enfurecerían si yo, el gentil que decía ser su amigo, me atreviera a crear un diálogo entre esos dos eventos que sólo se maldecían uno al otro.

"¿Puede haber un diálogo que refleje el dolor del otro?", me preguntaba.
"¿Puede haber una comunión de sufrimiento entre los dos, que traerá una limpieza y curación a todo este malentendido y profundo odio?"
La lucha con esta encomienda fue como un Getsemaní personal para mí.

Mis propias justificaciones y esos argumentos de auto conservación tuvieron que morir; ahora tenía que empezar a esculpir.

Sabiendo que este viaje no era sólo la escultura de un gran proyecto sino un viaje de oración e intercesión, me preguntaba por dónde empezar.

¿Quizás Getsemaní? De cierto modo, ahí fue donde comenzó la crucifixión. En ese lugar, el Padre mostró al Hijo lo que estaba delante de Él.

El Holocausto - ¿Podría esa escena en el jardín parecerse a todas aquellas noches en que el pueblo judío fue reunido y enviado a prisiones o campos?

Para Jesús fue la noche de Su cautiverio, cuando lo ataron y lo llevaron. Se dieron varios pasos entre el momento de Su encarcelamiento y Su juicio final. Después de un montón de maniobras políticas y manipulaciones llegó la solución final - Su muerte por crucifixión.

El pueblo judío fue primeramente obligado por las Leyes de Nuremberg y luego fue conducido al cautiverio en los guetos hasta que las SS pusieron la solución final en acción, la muerte en las cámaras de gas, la crucifixión.

Esculpí la figura de Jesús como siendo derramada sobre una piedra grande, como si Su cuerpo tomara la forma misma de la piedra.

El foco de Su lucha está representado en el cáliz del sufrimiento que Él sostiene, representado alegóricamente con la forma de una copa que está llena hasta el borde de sufrimiento. Como el Padre mostró al Hijo todo lo que estaba el cáliz, Su sudor mezclado con gotas de sangre fluyó sobre la piedra. ¿Sabría Él que habría un momento de total abandono por parte del Padre? Y entonces el Padre le pidió a Su Hijo que bebiera de este horror, para la salvación de aquellos que lo habían perseguido y odiado.

En la escultura Jesús sostiene el cáliz en su mano izquierda, extendiendo completamente su brazo, tan lejos de su boca como sea posible. El cáliz está equilibrado entre su dedo índice y el pulgar, mientras que los otros tres dedos están libres. Esto simboliza la indecisión de Jesús, los tres dedos representando las tres veces que Él llamó a Sus discípulos a orar con Él pero los encontró dormidos. Tres veces oró al Padre para que el cáliz fuera quitado de él. En la más oscura de todas las noches, Él solo tomó la terrible decisión: "Padre, si es Tu voluntad, aparta de mi esta copa; pero no se haga mi voluntad, sino la tuya".

**La crucifixión comenzó en el momento
en que Jesús estuvo de acuerdo
en beber el cáliz del sufrimiento.**

"Padre, perdónalos, porque no saben lo que hacen."

Panel 1

Primera palabra de las siete últimas palabras de Cristo

Jesús dijo: "Padre, perdónalos,
porque no saben lo que hacen."
Y echaron suertes, repartiéndose
entre sí sus vestidos.

Lucas 23:34

Palabra clave: Perdón

Objetivos

En esta sección aprenderá a:

1.   Definir la palabra "alianza".

2.   Comprender el concepto de "perdón".

3.   Descubrir la idea de una "Alianza del Perdón".

4.   Explorar el razonamiento del sobreviviente del Holocausto
     sobre el perdón que lleva al olvido.

5.   Analizar ¿cómo nosotros, como seguidores de Jesús, podemos
     abrazar la crucifixión como nuestra alianza del perdón y luego
     darnos vuelta y culpar a los judíos por Su muerte?

Introducción del artista: Rick Wienecke

Cuando estoy frente a la fuente, me paro como un israelí, un creyente en Jesús y un artista. Sin embargo, mi identidad principal y central es la de un creyente en Jesús; todas las demás descripciones de mí mismo se dieron a la luz de esto. Así que pensé para mí mismo: De las siete últimas palabras que Jesús pronunció durante la crucifixión, ¿cuál fue la primera? Además del Señor mismo, ¿alguien realmente sabe el orden exacto? Mi pensamiento me llevó a preguntar: ¿Qué sería lo más importante para Jesús? Si estos son Sus últimos momentos de vida, ¿cuál sería la primera cosa que viene a su mente? Tal vez sea: "Padre, perdónalos porque no saben lo que hacen".

Antecedentes

En el Panel #1, el perdón es la clave. Jesús está suplicando al Padre por los que lo están matando. Está tratando de razonar con el Padre que no sabían lo que estaban haciendo cuando lo entregaron a los romanos, o cuando los romanos lo clavaron en la cruz.

Perdón y Alianza

En la crucifixión, Jesús no sólo está perdonando a los que lo crucificaron, sino que también está creando en esas palabras: "Padre, perdónalos porque no saben lo que hacen", una alianza basada en el perdón, que se convierte en la Nueva Alianza.

Por lo tanto, de acuerdo con la definición de la alianza, si yo recibo el perdón, también debo perdonar. Esto es lo que Jesús está demostrando con la alianza del perdón en la cruz. Es el corazón y el carácter de Su sacrificio: el perdón.

El Dilema del Sobreviviente del Holocausto

Al recibir el perdón tengo que dar perdón. Este es el comienzo del dilema para el sobreviviente del Holocausto. El sobreviviente del Holocausto adjuntará la palabra "perdón" a la palabra "olvido" y no puede olvidar al perecido de su pueblo. En el olvido viene el dilema del perdón para el sobreviviente. ¿El sobreviviente del Holocausto tiene un concepto equivocado de la palabra "perdón"? ¿Ha abrazado una mentira?

El Razonamiento del Sobreviviente del Holocausto:
el Perdón conduce al Olvido

Al tratar de entender la mentalidad de un superviviente judío del Holocausto, leamos lo que una sobreviviente del campo de concentración de Auschwitz, Ellie Wiesel, dice en su libro, Night (Noche):

"Para el sobreviviente que elige testificar, está claro: su deber es dar testimonio de los muertos y de los vivos. No tiene derecho de privar a las generaciones futuras de un pasado que pertenece a nuestra memoria colectiva. Olvidar no sólo sería peligroso sino ofensivo; olvidar a los muertos sería similar a matarlos por segunda vez… El testigo se ha obligado a testificar, por la juventud de hoy, por los niños que nacerán mañana. No quiere que su pasado se convierta en su futuro."

¿Es que el sobreviviente de un acto tan horrible teme que estos actos inhumanos puedan repetirse en futuras generaciones si olvidamos el pasado? ¿Cree que el dolor y los recuerdos son tan profundos que no pueden ser curados? Ellie Wiesel también declara:

"Nunca olvidaré aquellos momentos en que asesinaron a mi Dios y a mi alma y convirtieron mis sueños en cenizas. Nunca olvidaré esas cosas, aunque estuviera condenada a vivir tanto como el mismo Dios. Nunca."

Perdón y Reemplazo

Es increíble para mí que la iglesia que reclama a Jesús como Señor pueda ignorar agresivamente Su oración de perdón por aquellos que lo crucificaron. Históricamente, la iglesia ha catalogado a los judíos como los asesinos de Cristo. Hay una cantidad enorme de documentación que muestra que la iglesia dirigió la persecución contra los judíos. Es casi como si Jesús nunca hubiera dicho la primera de las siete frases. ¿Por qué ignoran esta palabra: "perdón"? ¿Podría significar que cuando vienes contra el pueblo judío realmente demuestra lo poco que conoces a Jesús? La teología del reemplazo no sólo reemplaza a Israel por la iglesia, sino que tiene que reemplazar a Jesús por otra cosa. Cuando la iglesia afirma que alguien mató a Cristo, niega a Getsemaní. Jesús escogió la Crucifixión; dice que Él nació para este propósito: *"El Señor hizo que cayera sobre él la iniquidad de todos nosotros"* (Isaías 53: 6).

Él se convirtió deliberadamente en el último sacrificio, el cordero pascual. Él estaba caminando hacia la figura profética del sacrificio sacerdotal. Él se convierte en un sacerdote para toda la humanidad, como Sus hermanos judíos son los sacerdotes de las naciones (Génesis 12: 2-3). Él les aclara a Sus discípulos que Él sube a Jerusalén para ser entregado a los gentiles, para ser asesinado y enterrado y resucitado. Él tiene un plan deliberado. Lucas 18: 31 -33 dice: "Tomando aparte a los doce, Jesús les dijo: Mirad, subimos a Jerusalén, y se cumplirán todas las cosas que están escritas por medio de los profetas acerca del Hijo del Hombre. Pues será entregado a los gentiles, y será objeto de burla, afrentado y escupido; y después de azotarle, le matarán, y al tercer día resucitará..."

Jesús dice en Su oración de perdón en la cruz que Sus asesinos no sabían lo que estaban haciendo. De la misma manera, José en el Génesis dijo a sus hermanos: "Tu lo querías para mal, pero Dios lo quiso para bien". Ambos grupos tenían mal en sus corazones, pero al final del día, el plan de Dios se cumplió. La voluntad de Dios es más grande que todo el mal determinado del hombre.

La Santidad de Jesús a través de la Crucifixión

Si decimos que Jesús fue asesinado como resultado de la voluntad de los hombres, ponemos a Jesús únicamente en el reino de los hombres y no como Dios encarnado. Jesús, como el Hijo de Dios, tenía el poder y la habilidad de invocar a legiones de ángeles para salvarlo, pero Él escogió no escapar. Incluso llega a interceder por el perdón de sus propios asesinos. En este acto, Él muestra Su piedad. Su oración por el perdón crea una relación continua con sus hermanos judíos y con todos los hombres a través de la Nueva Alianza.

Al culpar a los judíos por su muerte, la gente está negando su acto de redención por el pecado. Esta mentira también niega la oración en Getsemaní, al ignorar que fue la voluntad del Padre que Él muriera y el Padre no cambió Su voluntad aun cuando Jesús pidió que el cáliz pasara de Él.

Nuestra acción

Nuestro papel es derramar amor y honor en el pueblo judío y no condenarlos. Hemos tenido el perdón dispensado en nosotros durante los últimos 2.000 años. Como creyentes, se supone que debemos hacer que los judíos sean celosos, no temerosos y sospechosos de nosotros.

En la versión de la Biblia de las Américas, Romanos 11:11 dice: "Digo entonces: ¿Acaso tropezaron para caer? ¡De ningún modo! Pero por su transgresión ha venido la salvación a los gentiles, para causarles celos".

Resumen

¿Cómo podemos nosotros, como seguidores de Jesús, abrazar la Crucifixión como nuestra alianza del perdón y entonces voltearnos y culpar a los judíos por su muerte? Esta línea de pensamiento tendría que llevar, lógicamente, a que Jesús nunca dijera: "¡Padre, perdónalos!"

Preguntas para discusión

1. Definir el concepto de perdón. ¿Cómo afecta la alianza del perdón su opinión acerca de quién mató a Cristo?
2. ¿Ha creído en la mentira de que los judíos mataron a Jesús? Si es así, discuta por qué. ¿Ha cambiado su opinión después de leer esta sección? ¿Por qué o por qué no?
3. ¿El sobreviviente del Holocausto tiene un concepto equivocado de la palabra perdón? Trate de empatizar con las palabras de Ellie Wiesel en esta sección. Póngase en el lugar de la víctima del Holocausto en la escultura del Panel #1. ¿Qué está diciendo mientras descansa la cabeza contra el pilar que representa a sus seres queridos muertos en el Holocausto?
4. ¿Cómo perdona la víctima del Holocausto lo que le hicieron a ella y a sus seres queridos? ¿Cómo honra a su pueblo y perdona a los perpetradores?
5. Examine sus valores fundamentales sobre el pueblo judío y la crucifixión de Jesús. ¿Tiene algún lugar en su corazón donde haya retenido el perdón de los judíos por la mentira de que mataron a Jesús? Tómese un tiempo para reflexionar con el corazón y escuche lo que el Padre tiene que decirle en oración acerca de sus hermanos y hermanas judíos.
6. Discuta Romanos 11:11. ¿Cuál es su interpretación? ¿Cuál es su plan de acción para: "Hacer Israel celoso"?

"Hoy estarás conmigo en el paraíso."

Panel 2

Segunda palabra de las siete últimas palabras de Cristo

Jesús le respondió:
"En verdad te digo, hoy estarás
conmigo en el paraíso".

Lucas 23:43

Palabra clave: Rememoración

Objetivos

En esta sección aprenderá a:

1.	Establecer el concepto de rememoración desde el corazón del Padre y el corazón del ladrón.
2.	Examinar las preguntas "¿El Padre oyó o rememoró los gritos del Holocausto?" y "¿Se ha olvidado de Su pueblo?"
3.	Explorar la crucifixión y su significado para el Holocausto.
4.	Evaluar nuestra visión acerca de la salvación en relación al ladrón en la cruz.
5.	Identificar y demostrar el concepto de la rememoración en las fiestas de Dios.

Una Plegaria para la Rememoración

¡He amado esta palabra desde siempre! Destruye todas las doctrinas que hemos creado para permitir que un hombre entre en la salvación. El ladrón a quien Jesús dice estas palabras presumiblemente nunca fue bautizado, rociado o sumergido, ni habló en lenguas. Todos estos rituales pueden parecer significativos, pero siempre serán secundarios al tocar la salvación.

¿Qué le está pidiendo el ladrón? Él está pidiendo ser rememorado: "Señor, cuando entres en tu reino, por favor, acuérdate de mí". Esta es una petición increíble en los últimos momentos de la vida del ladrón y de Jesús: "¡Por favor, no me olvides!"

Rememoración

Partes significativas de la Biblia están dedicadas e incluso exigen que rememoremos. Por ejemplo, todas las fiestas de Dios están dedicadas a la rememoración.

Cada día de fiesta está conectado a una época de rememoración de la historia de los judíos o de su tierra. Pascua es la rememoración de la salida de Egipto. Deuteronomio 5:15 dice: "Y acuérdate que fuiste esclavo en la tierra de Egipto, y que el Señor tu Dios te sacó de allí con mano fuerte y brazo extendido; por lo tanto, el Señor tu Dios te ha ordenado que guardes el día de reposo".

Purim es la historia de Ester, todavía celebrada hoy como se ordena en Ester 9:28: "Así estos días serían recordados y celebrados por todas las generaciones, por cada familia, cada provincia y cada ciudad; para que estos días de Purim no dejaran de celebrarse entre los judíos, ni su memoria se extinguiera entre sus descendientes."

Shavuot incluye rememorar la historia de Rut. En este día festivo, se lee todo el libro de Rut. Y Hanuká conmemora la rededicación del Templo Sagrado en el momento de la rebelión macabea del segundo siglo AEC.

Incluso los días de fiesta modernos del Estado de Israel se construyen sobre la rememoración. El Día de Conmemoración del Holocausto marca el aniversario del levantamiento del Gueto de Varsovia. El Día de la Independencia de Israel conmemora su declaración de independencia en 1948.

¿El mismísimo Dios olvidaría? ¡Lo único que promete olvidar son nuestros pecados! Para imponer juicio como Rey, Él da la espalda, pero Él sólo puede volverse por un momento porque Él es también Padre y Su corazón siempre es traído de vuelta a Su pueblo.

Dos Reflexiones del Corazón de Dios: Rey y Padre

(Refiérese a la imagen del Panel #2) Ambos elementos de Padre y Rey se muestran en esta pieza. La mano izquierda de la crucifixión está volcada hacia abajo, alejada. Esto no es una muestra de juicio sino de decepción. El ladrón a su izquierda lo está maldiciendo y burlándose, no queriendo ser rememorado. El ladrón se ha olvidado de sí mismo, olvidándose que es un hombre necesitado de Dios. Él ha reemplazado a Dios consigo mismo.

En el Panel #2, he demostrado el corazón del Padre latiendo en el pecho de Jesús. Jesús se ha inclinado físicamente hacia el ladrón que de alguna forma ha reconocido quién es Él. Su cuerpo está clavado, pero al mismo tiempo está luchando contra toda resistencia para tocar las piedras y las lágrimas que recuerdan la muerte con Sus palabras de vida.

Esta pieza refleja el corazón de Jesús, que es el corazón del Padre. La palabra "Padre" es una posición de autoridad que genera grandes expectativas. Se espera que un padre cuide de sus hijos, sea una fuente de sabiduría y un lugar donde cada uno de sus hijos sea bienvenido.

El Rey es el creador de la ley, por lo que también debe traer juicio. El juicio puede ser severo, pero también trae orden y paz. El Rey está obligado a hacer cumplir su propia ley, pero al hacer cumplir su ley lo hace con lágrimas de Padre, siempre deseando que Su hijo se dé vuelta, se arrepienta y vuelva a tener una relación correcta con Él.

A veces debe apartarse de Su hijo, pero siempre con la esperanza de que el hijo sienta la pérdida de cobertura y regrese a Él.

El pensamiento de la rememoración debe darnos esperanza: Si Jesús, Dios encarnado, pudo responder al llanto de un ladrón en sus últimos minutos de vida, ¿cuánto más recordaría y respondería a Su propio pueblo? "Y los hijos de Israel gemían a causa de la servidumbre... oyó Dios su gemido y se acordó Dios de su pacto" (Éxodo 2:23-24). No puede olvidarlos. ¡Ellos son Su pueblo! Tendría que responder a esos gritos. Seis millones de gritos, gemidos y lágrimas... Si no respondiera, estaría negando Su papel central como Padre.

Crucifixión

La crucifixión fue una tortura creada para infligir la cantidad máxima de sufrimiento a la víctima durante la mayor cantidad de tiempo posible. Está registrado que algunas víctimas permanecieron colgadas en la cruz por cinco días. La crucifixión se realizaba a menudo para aterrorizar y disuadir a los espectadores de perpetrar los crímenes punibles con ella. Las víctimas eran dejadas en exhibición después de su muerte, para que aquellos que intentasen disentir pudiesen ser prevenidos. La crucifixión usualmente estaba destinada a proporcionar una muerte particularmente lenta, dolorosa, espantosa, humillante y pública, usando cualquier medio que fuese conveniente para ese objetivo.

La crucifixión se identifica con las torturas del Holocausto. Si bien una crucifixión era una ejecución, también era una humillación haciendo que los condenados fueran lo más vulnerables posible. Aunque los artistas han representado la figura en la cruz con un taparrabos, es probable que las víctimas fueran crucificadas completamente desnudas. Esta fue también la experiencia de muchos de los millones que perecieron en el Holocausto y este aspecto se alude en el Salmo 22: 17-18: "Puedo contar todos mis huesos. Ellos me miran, me observan; reparten mis vestidos entre sí, y sobre mi ropa echan suertes".

Al escribir esto, puedo ver, en mi mente, los cadáveres de los muertos vivientes en los campos liberados, como Bergen Belsen.

Después de llegar a los campos de la muerte, los presos eran forzados a renunciar a sus pertenencias. Todos los objetos personales, incluyendo la ropa, eran removidos, divididos y redistribuidos dentro del Tercer Reich. Estos versículos también se cumplieron en la Crucifixión de Jesús: "Cuando le crucificaron, se repartieron sus vestidos, echando suerte sobre ellos para decidir lo que cada uno tomaría" (Marcos 15:24).

El evangelio de Juan es mucho más explícito: "Entonces los soldados, cuando crucificaron a Jesús, tomaron sus vestidos e hicieron cuatro partes, una parte para cada soldado. Y tomaron también la túnica; y la túnica era sin costura, tejida en una sola pieza. Por tanto, se dijeron unos a otros: No la rompamos; sino echemos suertes sobre ella, para ver de quién será; para que se cumpliera la Escritura: REPARTIERON ENTRE SI MIS VESTIDOS, Y SOBRE MI ROPA ECHARON SUERTES." (Juan 19:23-24).

Auschwitz fue el principal ejemplo de Crucifixión. Auschwitz se dividió en dos campos principales: Auschwitz Uno y Auschwitz Dos, también conocido como Birkenau. Si la persona se salvaba de una muerte inmediata, siendo enviado a Auschwitz Uno, pasaría a sufrir una muerte lenta a través de la inanición y el exceso de trabajo.

Cuando ya no era útil para el trabajo, era enviada a Birkenau y gaseada. Esta fue la parte final de la ejecución, una asfixia de veinte minutos dentro de las cámaras de gas. Durante los primeros diez minutos, tal como fue registrado por testigos, los gritos y las oraciones se podían escuchar saliendo de dentro de las cámaras. Durante los últimos diez minutos, el gas silenciaba todos los sonidos.

Estos diez minutos de gritos se escucharon millones de veces. El número estimado fue de más de 2,5 millones de hombres, mujeres y niños que murieron por este proceso lento y doloroso. El único corazón que tiene capacidad de recordar todos los llantos, gritos y oraciones de las cámaras de gas pertenece a Dios mismo. Esta audible intercesión en la tierra exigió una respuesta del corazón del Padre celestial.

La Perspectiva del Superviviente del Holocausto

Al contar la historia de los dos ladrones a una sobreviviente del Holocausto, se le explicó que los tres hombres crucificados hablaban en sus últimos minutos de vida. El ladrón de la izquierda estaba maldiciendo a Jesús y el ladrón de la derecha estaba pidiendo ser recordado.

La sobreviviente del Holocausto dijo: "Puedo identificarme con los dos ladrones. En Auschwitz siempre vivíamos con la muerte ante nosotros. Algunos días nosotros, como prisioneros, con la fuerza que nos quedaba, maldecíamos y nos burlábamos de Dios; mientras que otros días, suplicábamos y le pedíamos que nos recordase".

Desde la perspectiva de un sobreviviente, las manos de la figura que refleja el Holocausto van en direcciones opuestas. Una mano apunta hacia arriba, identificándose con la mano que da vida. La segunda mano va hacia el otro lado, reconociendo la burla y la maldición.

Resumen

Como artista, me he preguntado: ¿Dios rechazaría a Su pueblo? ¿Él, su Padre, los reemplazaría mismo cuando Jesús demostrara Su deseo de salvarlos de una manera tan extrema?

La respuesta es: Dios no quiere y no puede rechazar a Su pueblo. Es un Padre amoroso. En los últimos minutos de la vida de Su propio Hijo, el corazón de Su Padre alcanzó y dio vida al ladrón a través de Su Hijo. Este acto amoroso debería reafirmarnos que el Padre recuerda a Su pueblo siempre.

Preguntas para discusión

1. ¿Cuál es su concepto de rememorar?
2. ¿Examine su visión del ladrón que va al paraíso con Jesús? ¿Cómo coincide eso con su opinión o desafía su creencia de salvación a través de Jesús?
3. ¿Por qué cree usted que a los judíos se les manda rememorar su historia a través de sus festividades?
4. ¿Cómo ha proveído y cuidado Dios Padre y cómo ha dado la bienvenida a Su pueblo?
5. Lea Ezequiel 37:1-12 y luego vuelva a examinar estos versículos relacionándolos con el Holocausto. ¿Cómo está demostrando el Padre Su corazón a Su pueblo?
6. Tome un minuto y mire la imagen del Panel #2. ¿Cómo comunicaría usted el corazón del Padre al sobreviviente del Holocausto que está viendo la crucifixión? ¿El dolor en el sobreviviente refleja o se identifica con la crucifixión?
7. ¿Cómo puede rememorar a los judíos?
8. Haga un minuto de meditación para despejar su mente, alma y espíritu. Imagine que está viendo una escena del Holocausto en Auschwitz. ¿Cómo rezaría? ¿Qué le diría a la víctima del Holocausto que atraviesa este horror indescriptible? ¿Qué cree que el Padre sintió y recordó durante esos años?

"Dijo a su madre: '…he ahí tu hijo'; después dijo al discípulo: 'he ahí tu madre'"

Panel 3

Tercera palabra de las siete últimas palabras de Cristo

Y cuando Jesús vio a su madre,
y al discípulo a quien Él amaba
que estaba allí cerca, dijo a su
madre: "¡Mujer, he ahí tu hijo!"
Después dijo al discípulo:
"¡He ahí tu madre!"
Y desde aquella hora el
discípulo la recibió
en su propia casa.

Juan 19: 26-27

Palabra clave: Relación

Objetivos

En esta sección aprenderá a:

1. Establecer el concepto de relación desde el vínculo nuevo y antinatural formado entre María, la madre de Jesús, y Juan, el amado.
2. Examinar el concepto de una relación antinatural.
3. Comparar y contrastar Isaías 49:15 en el contexto del compromiso relacional del Padre con Israel.
4. Analizar por qué el Padre creó una relación nueva y antinatural con Jesús.
5. Explorar el peso emocional del relacionamiento, en la medida en que el sobreviviente del Holocausto carga a su familia y amigos asesinados, así como su estilo de vida anterior.

Una Nueva Relación

Esta palabra es fácil de entender desde el punto de vista de la Crucifixión. ¡Esto refleja tanto el corazón de Jesús! En el apogeo de Su propio sufrimiento, Él está cuidando de Su madre. Mi pensamiento al crear el Panel #3 de la Crucifixión fue que Él la está poniendo sobre los hombros de un amigo, alguien en quien puede confiar - Juan, el amado, el único de Sus discípulos que permaneció con Él durante todo Su sufrimiento.

Relación

La palabra destacada en el Panel #3 es relación. Las dos palabras fundamentales para una relación son la "confianza" y el "compromiso". Jesús confía y compromete a Su madre a cuidado de Juan. Juan ahora debe acogerla como suya. Jesús está incluso dando a Juan Su propio papel de hijo.

Una Relación Madre-Hijo

Dentro de la naturaleza no puede haber un lugar más profundo de memoria que el creado entre una madre y un hijo. Las palabras "'Mujer, he ahí tu hijo'… discípulo, 'he ahí tu madre'" van más allá de lo natural; crean una relación desde un lugar antinatural de sufrimiento. Juan no era hijo de María y ella no era su madre, pero las palabras de la crucifixión crean la más cercana de todas las relaciones.

La relación madre-hijo llega al fondo del corazón del Padre. ¿Cómo un hijo da a su madre para ser cubierta/protegida por otro hombre? ¿Cómo ve el Padre celestial esa transferencia de relaciones?

Cuando me detengo y reflexiono, pregunto: ¿Cómo un hijo da a su madre al cuidado de otro hombre y cómo una madre da a su hijo para ser sacrificado? María pudo haber sentido en su corazón todos los años de la vida de su Hijo a los cuales Él renunciaría, pero en el corazón de una madre, ¿cómo se lo ve morir? ¿Cómo se deja el lugar de la cruz para luego pasar a estar bajo la protección de otro que no es tu hijo?

¿Es el acto final del amor observar el sacrificio de tu hijo, la entrega de tu madre y la aceptación de una relación de amor con alguien que no es tuyo?

Isaías refleja la relación de María en Isaías 49:15: "¿Puede una mujer olvidar a su niño de pecho, sin compadecerse del hijo de sus entrañas? Aunque ellas se olvidaran, yo no te olvidaré."

"Lo que se quiere decir y representar aquí es el amor divino y la misericordia en su poder para transformar la muerte en vida." Este debe haber sido un momento de total confianza y entrega para estas tres personas: María, Jesús y Juan.

La Perspectiva del Superviviente del Holocausto

Para interpretar la perspectiva del sobreviviente del Holocausto, lo esculpí llevando un paño pesado sobre sus hombros. Dentro de los pliegues de la tela hay una figura de mujer. Ella es esquelética y surreal. Él la lleva en un brazo y el cuerpo entretejido pasa sobre sus hombros; su mano sostiene el extremo de la tela.

La Relación del Holocausto

El sobreviviente del Holocausto también ha tenido una relación sobre sus hombros. Su relación es la memoria de los muertos; se apoya como un peso pesado. Estos son sus parientes de sangre. Por el resto de su vida, llevará la memoria de ellos donde quiera que vaya. Ha sobrevivido al Holocausto, donde su familia y sus seres queridos han perecido. No pudo salvar a los miembros de su propia familia. Si pudiera, habría llevado a su propia madre a salvo, pero ella también fue arrebatada sin que nadie ayudara. El superviviente lleva ahora esa carga de culpa, impotente de salvar a su propia madre.

El sobreviviente del Holocausto ahora se encuentra en una relación completamente antinatural. La mayoría de los parientes que conoció antes de la guerra fueron arrebatados y ahora lleva a los seis millones en su lugar.

Esto crea su relación antinatural, ahora quizás más cercana que todas las relaciones que conocía antes.

El sobreviviente, al igual que Juan en la crucifixión, ahora lleva una relación que antes del Holocausto no tenía. Las dos relaciones antinaturales están representadas en esta pieza. La nueva pero antinatural relación de Jesús dando a María para ser llevada y cuidada por Juan y el sobreviviente llevando la relación nueva y antinatural de los seis millones.

El extremo del paño está en su mano y es allí donde él está enfocado principalmente. Para la mayoría de los supervivientes, la liberación de los campos era como nacer de nuevo a partir de un lugar de muerte. Se estaban convirtiendo en seres humanos nuevamente, con sentimientos, emociones, deseos y un miedo a los recuerdos anteriores. Se les quitó todo; muchos de ellos ni siquiera recordaban sus propios nombres.

El viaje para volver a reconectarse con las emociones humanas y la memoria fue largo y difícil. Esto se representa en el pequeño extremo de tela en la mano del sobreviviente. A medida que comienza a darse cuenta de lo que le ha ocurrido, la tela crece y sube por su brazo. Cuando comienza a comprender la devastación a su propia familia, a su aldea y al país al que había pertenecido, la tela comienza a tomar una forma que pasa sobre sus hombros y luego cae hacia el suelo. El cuerpo es una parte de los pliegues, pero en este lugar hay seis pliegues bastante pronunciados, que representan los seis millones de asesinados. Estas son ahora sus nuevas relaciones, que cargará por el resto de su vida.

Resumen

Si Dios puede crear una relación a partir de tal estado de sufrimiento, ¿por qué reemplazaría esa relación? La creación de algo "nuevo" parece ser siempre una parte del carácter de Dios, crear relaciones antinaturales de lo natural.

Jesús en Su sufrimiento está creando una relación, una relación que no existía antes de la Crucifixión, no sólo un amigo o un conocido sino un hijo para una madre. Nada podría ser más profundo. Jesús en estas palabras muestra la enorme importancia que le da a la relación, Su compromiso personal con ella. Entonces esto plantea una pregunta: Si la relación y el compromiso son tan importantes para Él, ¿reemplazaría o disminuiría tan fácilmente su relación con Israel? No lo haría. El Padre está comprometido con Su pueblo. ¿Por qué reemplazaría la relación más cercana a Su corazón?

Preguntas para discusión

1. ¿Qué verbos usaría para definir el concepto clave "relación"?
2. ¿Cómo describiría la nueva relación antinatural entre Juan, el amado, y la madre de Jesús, María?
3. ¿Cómo Juan ahora prácticamente demuestra el segundo mandamiento, "Ama a tu prójimo como a ti mismo", al tomar a María como su propia madre?
4. Tómese unos minutos para meditar y vea el Panel #3. Deje que su cuerpo sienta el peso del sobreviviente que lleva a las víctimas asesinadas en el Holocausto. ¿Cómo se reinserta el sobreviviente a la vida llevando esta relación antinatural?
5. ¿Cuál es su opinión sobre los paralelos de la nueva relación creada por Jesús entregando a María a los cuidados de Juan y la nueva relación del sobreviviente del Holocausto llevando a sus compatriotas muertos?
6. Lea nuevamente el párrafo "Resumen". A continuación, responda la pregunta planteada: "Si la relación y el compromiso son tan importantes para el Padre, ¿reemplazaría o disminuiría fácilmente su relación con Israel?" (Efesios 2:16). ¿Se ha pedido a los gentiles que carguen al pueblo judío? Lea Isaías 49:22.
7. ¿Cómo afecta su vida la cuestión del compromiso relacional del Padre con Israel? ¿Cómo es que Su relación cumple con Isaías 49:15?

"Dios mío, Dios mío, ¿por qué me has abandonado?"

Panel 4
Cuarta palabra de las siete últimas palabras de Cristo

*Y a la hora novena Jesús clamó
con fuerte voz:
"Eloi, Eloi, lema sabactani?"
(que traducido significa:
"Dios mío, Dios mío,
¿por qué me has abandonado?").*

Marcos 15:34

Palabra clave: Abandono

Objetivos

En esta sección aprenderá a:

1. Establecer el concepto de abandono desde la visión del Padre durante la Crucifixión y el Holocausto.
2. Examinar el concepto y las cuestiones del abandono percibido por el Padre en el pasado y en el presente.
3. Explorar las advertencias prácticas y proféticas a los judíos europeos antes del Holocausto.
4. Analizar por qué el autor ve el Holocausto como una forma de juicio.
5. Explorar los aspectos relacionales del abandono, el rechazo y la renuncia, relacionados con la cruz y el Holocausto.

Introducción del artista: Rick Wienecke

Al escribir acerca de este cuarto concepto de Jesús en la cruz, me plantee muchas más preguntas que respuestas. Así que las "preguntas" se presentan intencionalmente a través de esta sección, haciendo un énfasis en llamar la atención sobre cada pregunta para su propia reflexión. Estas preguntas se le volverán a presentar en la sección de preguntas para discusión.

Preguntas Más Internas

Pregunta: ¿Será posible que el Padre abandone al Hijo?

La respuesta debe ser sí, si Jesús realmente pregunta: "¿Por qué me has abandonado?" Él es el Hijo descrito como "El Hijo unigénito en el cual el Padre se complace".

Esta pregunta desde la cruz nos lleva a algunas de las cuestiones centrales de la vida y ciertamente a una de las luchas más profundas de muchos supervivientes del Holocausto:

- "¿Cómo puede haber un Dios si ocurren cosas como el Holocausto?"
- "¿Dónde estaba Dios durante el Holocausto?"

Su conclusión es a menudo "Si estas cosas malas suceden, y Dios no lo arregla o lo impide, entonces Él no debe existir".

El cuarto enunciado de Jesús desde la cruz también es en forma de pregunta: "¿Por qué me has abandonado?" Jesús está buscando una razón para el abandono. Él está preguntando:

- "¿Por qué no puedo encontrarte o sentir tu presencia cuando más necesito sentirla?"
- "¿Hay alguna razón por la que me has dejado solo (ahora)?"

Identificación en el Abandono

Las preguntas de Jesús se basan en la relación. Él conoce la presencia del Padre. Confía en Su Padre y sabe que si Su Padre no está presente debe haber una razón. Cuando Jesús está en el estado emocional de pleno abandono de Dios, debe tocar un lugar profundo de memoria dentro de Él. Este lugar de cuestionamiento del abandono del Padre le permite entrar en la realidad y la identificación del abandono, para que Él pueda convertirse en nuestro Intercesor principal.

Abandono

Dios compara el abandono en la Biblia a una forma de juicio: "En un acceso de ira escondí mi rostro de ti por un momento" (Isaías 54: 8). De cierta manera, Él incluso se aparta de la situación y no puede ser encontrado. La presencia de Dios removida del mundo, aunque sea por un momento, podría terminar en años de Guerra Mundial. Creo que esto puede ser la forma más grande de juicio.

Como ejemplo del Padre volviendo su rostro, podemos ver la historia de Moisés. Moisés toma un lugar de intercesión entre Dios y el pecado de los israelitas. Dios dice que no los destruirá, pero ya no estará presente con ellos. Entonces Moisés entra en gran oración y suplica a Dios que no retire Su presencia. Moisés entiende que no habría vida fuera de la presencia de Dios.

El Abandono Momentáneo de Dios

Cuando el rostro de Dios se vuelve hacia usted, Él también puede estar corrigiéndolo, pero no creo que esto sea tan severo. Su corrección está determinada para que usted regrese a Él si está en pecado. Su mayor demostración de esa determinación es el Padre que abandona por un momento a su Hijo más amado para crear un camino eterno para la salvación. La palabra clave aquí es por un "momento". Es algo que Dios no puede soportar. Su propia gracia es demasiado fuerte y lo atrae de nuevo a los clamores de Su pueblo y Su propio Hijo en la cruz.

El abandono puede venir de Dios y Él tendrá una razón para ello. A menudo no tenemos la capacidad de entender la respuesta y la mayoría de las veces no queremos una respuesta; sólo queremos ¡que termine y ahora! Esto debe ser parte de la identificación de Jesús en la cruz con nosotros. Al igual que con los sobrevivientes del Holocausto, ambos deben haber rogado para que el abandono de sus circunstancias termine.

- ¿Es diferente para nosotros hoy?
- ¿Pedimos que nuestro abandono percibido termine?

Dios sólo puede vivir en el abandono de nosotros por un momento. Estos momentos en que fuimos abandonados pueden haberse expresado en seis años de una guerra mundial.

El hombre puede vivir en un lugar de abandono de Dios elegido durante toda su vida. En muchos sentidos, los hombres no están haciendo una pregunta sobre el abandono; simplemente están acusando a Dios. Si su acusación es una comunicación genuina hacia Dios y no sólo una auto justificación, Dios tiene el derecho de acusar también, de responder. Él da la espalda por un momento, pero el hombre muestra en su historia que ha abandonado a Dios durante miles de años.

- ¿Cuál es la respuesta de la humanidad a Dios cuando pregunta: "¿Por qué me has abandonado?"?

Juicio y Advertencias

Hubo juicios definitivos dentro del Holocausto pero no sin las advertencias del Padre. Debido a Su corazón, Él dio constantes advertencias práctica y proféticamente a lo largo de la década de 1930, específicamente de 1932 a 1939, a los judíos en Alemania y Europa en general. He aquí algunos ejemplos:

1. Las leyes de Nuremberg fueron establecidas en Alemania, restringiendo los movimientos de los judíos.
2. Algunos rabinos dijeron que la locura de Alemania era temporal y aconsejaron que los judíos no abandonaran el país.

3.   Israel, entonces llamada Palestina, estaba abierta para la inmigración a principios de los años treinta. Un fuerte líder sionista, Zeev Jabotinsky, se dirigió a varias comunidades judías, alegando: "¿No puedes oler el humo? ¿No puedes sentir la tierra bajo tus pies ardiendo? ¡Sal mientras puedas! Ve a Israel!" Esta fue una fuerte advertencia práctica y profética de un líder judío.

4.   Palestina lentamente comenzó a cerrarse en 1936, después del comienzo de disturbios árabes. Palestina finalmente se cerró para el pueblo judío de Europa en 1939, después de que el Libro Blanco británico, del mismo año, casi terminó con la inmigración judía.

5.   Los judíos que escucharon las advertencias y emigraron a Palestina fueron salvados de la destrucción.

Las advertencias, señales e incluso los informes de la próxima destrucción fueron ignorados hasta el punto de que los judíos polacos consideraban a su país la Tierra Prometida y varias de sus ciudades como Jerusalén. Adoptaron una teología de reemplazo que necesitaba ser destruida.

Creo que el juicio también tiene un tiempo definido, una marca en la arena que el Señor pone allí. A medida que el juicio se aproxima, busca intercesores y profetas para ayudar a disminuir los efectos de lo que Él sabe que el hombre hará a su prójimo cuando Su gracia sea removida momentáneamente.

El mundo vive dentro de Su gracia. Si Su gracia se quita y Su rostro se aleja, incluso por un momento, los hombres se comportan según su naturaleza. Se matan unos a otros, buscando su propio control. Ellos crean movimientos de poder para pertenecer a algo. Esto describe completamente los preparativos del hombre para la Segunda Guerra Mundial. El fruto de esa guerra fue cincuenta y cinco millones de personas muertas en seis años.

De la muerte, el juicio y el Holocausto de la Segunda Guerra Mundial, nació la tierra de Israel.

• ¿Podría Israel haber ocurrido sin el Holocausto?

Separación y Abandono

• ¿Hay alguna razón por la cual Jesús tuvo que sentir y conocer la pérdida de la presencia de Dios?

Con Jesús esta pregunta flota en el aire, no como una acusación, sino como una expresión genuina de la plenitud de su dolor. En la fe, Él sabe que existe una respuesta para su pérdida, pero el Padre no se la ha mostrado. Jesús debe haber pensado durante su tiempo en la cruz:

• ¿Hay momentos en que la separación del Padre es buena?
• ¿Se ha demostrado que esta renuncia es necesaria?

Parece que el abandono y la pérdida traen algunas de las preguntas más difíciles de la vida:

• ¿Qué pasa si algo terrible está sucediendo y Dios está ahí y decide no intervenir, no detenerlo y simplemente dejar que ocurra? ¿Significa eso que Él no está allí?

Hubo al menos trece intentos de asesinato contra Adolfo Hitler y todos fracasaron. Auschwitz podría haber sido bombardeado mucho antes del final de la guerra, pero no lo fue.

• De nuevo, ¿dónde estaba Dios?

Sí, Satanás tiene poder, pero Dios tiene la decisión final. Si Dios es omnipotente y sabe todo, Él conoce la naturaleza del hombre. Permitió al hombre expresar su maldad natural en el Holocausto de seis millones de judíos.

• ¿Tiene Dios que dar la espalda para que ocurra el mal?
• ¿Cuando Él da la espalda por un momento estamos ante la forma más profunda de juicio?

En la economía de Dios este breve momento podría ser de seis años… En hebreo la expresión es *asserut panim,* el "cubrir o quitar la cara, apartarse".

Resumen

Para el Padre, haber sentido la renuncia de Su Hijo debe haber sido la parte más dolorosa, pero para que alguna ley o principio espiritual se cumpliera, tuvo que abandonar a Su Hijo más amado. Él permitió que Su Hijo conociera el abandono en toda su profundidad para dar a un mundo perdido una posibilidad de redención.

La crucifixión es en sí misma un acto de intercesión y un acto de redención. Jesús tuvo que traer la redención al lugar del abandono, pero como Sumo Sacerdote e intercesor principal tuvo que experimentarlo en su plenitud. Él permite que Su pueblo sienta el abandono en formas profundas para entender Su propio sentido de abandono.

Si pudieran entender las lágrimas que derrama como un Padre cuando trae juicio, les haría odiar el abandono tanto como Él lo odia. Dejar, abandonar o reemplazar es la fuerza destructiva última en una relación. Dios muestra Su odio por los tres permitiendo que Su único Hijo soporte la cruz para redimir a aquellos a quienes ama.

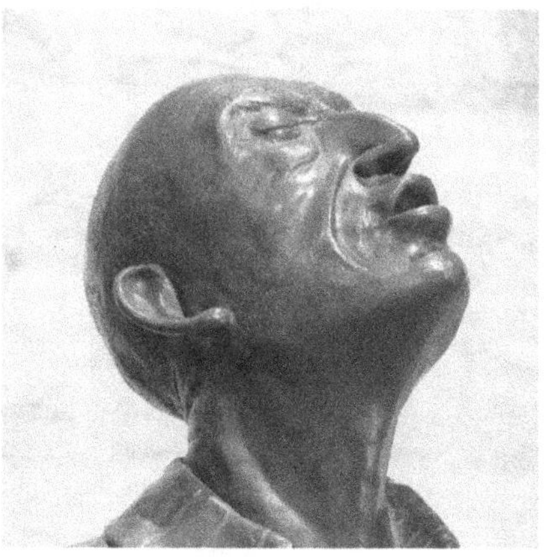

Preguntas para discusión

Las siguientes preguntas fueron presentadas a usted durante el texto por el autor. Por favor, escoja por lo menos tres y discútalas en grupo o reflexione, medite y/o escriba sobre ellas individualmente.

1. ¿Sería posible que el Padre abandonara al Hijo?
2. ¿Está Jesús realmente preguntando, "¿Por qué me has abandonado?"?
3. ¿Cómo puede haber un Dios si se producen cosas como el Holocausto?
4. ¿Dónde estaba Dios durante el Holocausto?
5. ¿Por qué Jesús le pregunta: "¿Por qué no puedo encontrarte o sentir tu presencia cuando más necesito sentirla? ¿Hay alguna razón por la que me has dejado solo (ahora)?"?
6. ¿Cuál es la respuesta de la humanidad a Dios cuando pregunta: "¿Por qué me has abandonado?"?
7. ¿Podría Israel haber ocurrido sin el Holocausto?
8. ¿Hay alguna razón por la cual Jesús tuvo que sentir y conocer la pérdida de la presencia de Dios?
9. ¿Hay veces en que la separación del Padre es buena?
10. ¿Tiene Dios que dar la espalda para que ocurra el mal?

"Tengo sed."

Panel 5
Quinta palabra de las siete últimas palabras de Cristo

Después de esto, sabiendo Jesús que todo se había ya consumado, para que se cumpliera la Escritura, dijo:
"Tengo sed."

Juan 19:28

Palabra clave: Sed

Objetivos

En esta sección aprenderá a:

1. Identificar el concepto de sed desde diferentes perspectivas.
2. Examinar el concepto de sed desde el punto de vista de la identificación.
3. Analizar por qué Jesús experimentó tal sed extrema.
4. Explorar el principio de la identificación intercesora en esta quinta palabra de Jesús.
5. Defender el principio de que Jesús fue al extremo para identificarse con Su propio pueblo.

Jesús como Agua Viva

Este es el grito de Jesús; es un grito personal, que pertenece a Sus propios sufrimientos. Se expresa como un grito interior, no sólo una necesidad inmediata. Se ha declarado a sí mismo como el Dador de agua viva y si alguno bebe de Él, nunca más tendrá sed. Si Jesús se ha declarado la Fuente de agua viva y Él está diciendo que ahora tiene sed, debe significar que Él no tiene más nada; Él ha dado cada gota de sí mismo.

La Sed de Jesús

Esta es la razón por la cual, en mi escultura de la Crucifixión, hay un sentido; todo se está moviendo hacia abajo. Los dedos de las manos están surrealistamente empujando hacia abajo, la cabeza está inclinada hacia un lado y su boca está abierta. Todo ha sido drenado de Él. Cuando se vierte agua, esta trata de encontrar el lugar más bajo posible antes de detenerse. Él es nuestra ofrenda de bebida, derramada hasta su última gota. La última gota, la última lágrima, se muestra en Sus pies, llegando a un punto, casi como una sola gota pequeña.

La Figura del Holocausto

La figura que representa al Holocausto tiene una mano casi tocando los pies crucificados, representando esa última lágrima. Los prisioneros del campo de concentración dirían que no tenían más lágrimas que derramar. Cuando no quedan más emociones, esto trae sequedad al alma.

La Identificación del Holocausto con la Sed

La figura del Holocausto está agachada, también en un movimiento descendente - no en un lugar de culto sino en una identificación con el ser derramado. La sed, desde la perspectiva del Holocausto, tenía una enorme identificación. Dijeron que dentro de los campos de concentración se podía sobrevivir durante mucho tiempo con pequeños pedazos de pan, pero si no tenías agua para beber, morirías en un día.

La otra mano de la figura que representa el Holocausto está a nivel del suelo, ahuecada y buscando esa agua interna derramada. Como con todos los hombres, representa que hay un lugar de sed interior, la sequedad invisible que puede matar al alma, no sólo al cuerpo.

Una reflexión específica sobre Auschwitz, sobre cuando llegaban los prisioneros. Eran comprimidos en vagones de tren durante días, sin comida ni agua.
Un porcentaje de los que llegaban al campo ya había muerto dentro de los vagones, sobre todo de sed. Aquellos que soportaban esta tortura podían entender en la forma más profunda la sed unida al sufrimiento y a la muerte.

Resumen

Si Jesús es un manantial sin fin, entonces ¿por qué es llevado hasta la última gota?
Debe ser el mismo principio de identificación intercesora que en la palabra anterior. Para que la crucifixión traiga la redención al lugar de la sed, Jesús tiene que conocerla personalmente.

Él llevó esta experiencia completamente dentro de Su propio cuerpo y alma. Para que él pueda interceder por nosotros, debe tener plena identificación con la sed. Una vez más, debemos llegar a la conclusión de que si Él está tan dispuesto a identificarse con nosotros, ¿cuánto más se identificará con su propio pueblo?

Preguntas para discusión

1. Jesús declaró que era agua viva. Ahora Él está diciendo que tiene sed. Discutir y explorar la paradoja de Jesús de proporcionar agua viva y tener sed.

2. La escultura del Holocausto tiene una mano casi tocando los pies crucificados de Jesús, representando esa última lágrima. ¿Por qué el artista hace que la escultura del Holocausto no toque los pies de Jesús?

3. ¿Qué trae "la sequedad del alma"? Discuta las circunstancias extremas y las condiciones que deben haber traído esa sequedad a los prisioneros del campo de concentración.

4. Explore Juan 19: 28-29 nuevamente. ¿Por qué "tengo sed" cumple la Escritura?

5. ¿Cuál es el principio de identificación intercesora en esta palabra?

6. El artista concluye con esta pregunta: De nuevo, debemos llegar a la conclusión de que si Él está tan dispuesto a identificarse con nosotros, ¿cuánto más se identificará con su propio pueblo? ¿Cuál es su conclusión a esta pregunta? Explore y discuta sus respuestas.

"¡Consumado es!"

Panel 6

Sexta palabra de las siete últimas palabras de Cristo

*Entonces Jesús, cuando hubo
tomado el vinagre, dijo:
¡Consumado es!
E inclinando la cabeza entregó el
espíritu.*

Juan 19:30

Palabra clave: Consumado

Objetivos

En esta sección aprenderá a:

1. Identificar el concepto de estar consumado desde diferentes
   perspectivas.
2. Examinar el concepto de consumado desde el punto de vista de
   la identificación.
3. Analizar lo que el concepto de consumado significó para los
   judíos después de la Segunda Guerra Mundial.
4. Analizar lo que el concepto de consumado significaba para
   Jesús.

Un Término a Su Sufrimiento

Esta es una palabra con significados en tantos niveles que ustedes podrían preguntar: "¿Qué significa realmente?" Jesús está poniendo fin a Su sufrimiento. Eso en sí mismo es asombroso. Históricamente, la crucifixión podía durar días. Si entendemos bien, la Crucifixión de Jesús duró horas, no días, en longitud.

Tengo varias preguntas sobre por qué Jesús puede haber muerto en sólo unas horas:

• ¿Fue la flagelación que Pilato le dio a Jesús antes de la Crucifixión tan severa que acortó la duración de Su Crucifixión?
• Si Jesús es visto como el Cordero muerto para la Pascua, ¿debía morir antes de que comenzara la Pascua?

Los judíos gobernantes querían romper las piernas de los que habían sido crucificados para que la muerte viniera inmediatamente y no quedaran colgando en sus cruces durante la Pascua. Para el pensamiento religioso de los judíos, la Pascua sería perturbada o de algún modo afectada por aquellos cuerpos crucificados colgados durante la festividad. Romper las piernas traía una muerte inmediata por asfixia. Cuando llegaron a Jesús, para romper Sus piernas, quedaron sorprendidos, incluso estupefactos, de que Él ya estuviera muerto. Obviamente, en toda su experiencia con la crucifixión, nunca habían visto la muerte venir tan rápidamente a la víctima.

Identificación con el Holocausto

La muerte por asfixia en la cruz siempre me llamó la atención por su identificación con el Holocausto. La crucifixión fue creada para infligir la cantidad máxima de dolor a la víctima durante la mayor cantidad de tiempo posible. La etapa final de la muerte se producía por asfixia, cuando la víctima ya no podía levantarse para respirar. Por identificación, las víctimas del Holocausto en los campos de concentración fueron explotadas y privadas de comida, siendo conducidas a una muerte lenta pero segura. En la mayoría de los casos, el golpe final de la muerte era por asfixia en las cámaras de gas.

El Término del Sobreviviente del Holocausto

Para el pueblo judío en Europa, 1945 fue "El Término". Término, para el sobreviviente, significaba que nada estaba claro para ellos. La guerra había terminado, pero ¿qué debían hacer ahora? Aquellos que sobrevivieron a los campos intentaron regresar a los lugares que los ayudarían a saber quiénes eran: sus aldeas y hogares. Estos fueron los lugares más profundos de memoria e identidad para ellos. Sus memorias más intensas, las que los mantuvieron vivos en los campos de la muerte, se convirtieron sin embargo en otro lugar insondable de tristeza. Era como si hubieran desaparecido.

El Término Polaco

Para los judíos polacos específicamente, su ascendencia en Polonia alcanzó casi 900 años. La mayoría de los judíos europeos había vivido en Polonia. Era su mayor recurso de memoria como grupo de personas. Lo que descubrieron al regresar a sus hogares fue una devastación adicional de sus recuerdos e historia. Era como si no hubieran existido. Otros pueblos, muchos de los cuales eran polacos locales, vivían en sus ciudades y ahora ocupaban sus casas de familia.

La historia registra que no fueron recibidos con ninguna calidez o comprensión a su regreso, sino con ira y rabia: "¿Cómo te atreves a volver?" Hacia fines de 1945 hubo una serie de matanzas y revueltas contra los judíos en toda Polonia y Ucrania. Veinticinco mil judíos que sobrevivieron al Holocausto, fueron asesinados frente a sus propias casas a manos de sus vecinos gentiles. Todo estaba terminado. Todo había desaparecido. Todo lo que sabían se había ido.

La Escultura del Holocausto

Mi respuesta esculpida al "término" del sobreviviente fue cubrir su cara con su mano. Ha perdido su identidad y no puede ver plenamente. La otra mano del sobreviviente está en el aire, deseando apuntar en una dirección particular, pero no hay ninguna y la mano sólo flota. No hay dónde ir.

Nadie quería a los judíos en 1939 y ahora, en 1945, después de la guerra, todavía no había lugar para ellos. El único lugar en el mundo que los quería era la Palestina pre-Israel y los británicos estaban haciendo todo lo posible para bloquear eso.

Entonces, ¿a dónde podrían ir? Tenían que ir al único lugar que conocían, regresar a los campos. Los mismos campos de concentración de los que habían sido liberados se utilizaban ahora como campos de refugiados. Para el sobreviviente, este término fue como volver a la tumba, el lugar que había matado y enterrado todo y todos los que había conocido. El término para el sobreviviente fue un retorno a una muerte anterior, a una tumba.

Esculpiendo "El Término" para Jesús

Cuando representé "El Término" en la Crucifixión, hice estas preguntas:
- ¿Estaba Jesús llevando la propia muerte a un fin?
- ¿Era esto el término de Su intercesión?
- ¿Había terminado todo lo que el Padre le había dado para hacer?

En mi exploración de estas preguntas, esculpí la expresión en Su rostro para que pareciera fuerte y determinado. Los dedos en Sus manos cubren las cabezas de los clavos. No se pueden ver los clavos. Él ahora los está haciendo desaparecer intencionalmente.

Resumen

Para los supervivientes del Holocausto, la vida tal como la conocían desapareció. El final fue terrible pero completo. Su falso Israel y Jerusalén en Polonia tuvieron que ser completamente destruidos para que los reales fueran resucitados. Cuando la guerra terminó, pasaron tres años antes de la resurrección de la nación y el nacimiento de su nueva tierra de Israel.

Para que algo nuevo comience tiene que haber una conclusión declarada de lo antiguo. Jesús se entregó a esta muerte como un acto de obediencia al Padre, de modo que Él tiene plena autoridad para darle fin. Como Él dice en Apocalipsis 21:6: "También me dijo: '¡Hecho está! Yo soy el Alfa y la Omega, el Principio y el Fin'".

Preguntas para discusión

1. Lea de nuevo los dos primeros párrafos titulados: "Un Término a Su Sufrimiento". ¿Cuál es su conclusión de por qué Jesús murió en horas y no días?

2. Reflexione sobre la imagen del Panel #6. ¿Por qué cree que el sobreviviente del Holocausto tiene la mano sobre su cara?

3. ¿Qué le dice al sobreviviente del Holocausto que ha tenido que regresar al campo de refugiados donde antes fue encarcelado?

4. Reflexione nuevamente sobre la imagen del Panel #6, luego discuta las siguientes preguntas presentadas por el artista:
   - ¿Estaba Jesús llevando la propia muerte a su fin?
   - ¿Era esto el término de Su intercesión?
   - ¿Había terminado todo lo que el Padre le había dado para hacer?

5. Explore y discuta el resumen del artista: "Jesús tenía plena autoridad para darle un fin".

"En tus manos encomiendo mi espíritu."

Panel 7

Séptima palabra de las siete últimas palabras de Cristo

Y Jesús, clamando a gran voz,
dijo:
"Padre, en tus manos
encomiendo mi espíritu".
Y habiendo dicho esto, expiró.

Lucas 23:46

Palabra clave: Encomendar

Objetivos

En esta sección aprenderá a:

1. Identificar el concepto de encomendar desde la perspectiva de Jesús.

2. Examinar la idea del entierro y la resurrección desde las perspectivas de la cruz y del Holocausto.

3. Explorar el concepto de lo que significó "encomendar tu espíritu y memoria" para el sobreviviente del Holocausto.

4. Explorar la idea de "¿Por qué el foco en los judíos?"

5. Apoyar el concepto del autor de "Por qué el Padre nunca olvida a los judíos".

Jesús Encomienda Su Espíritu

Estas son las palabras finales, el último enunciado, cuando Jesús encomienda su espíritu en las manos del Padre (las mismas manos que en Getsemaní presionaron el cáliz del sufrimiento en las manos de Jesús). Las manos del Padre son las únicas manos que podrían recibir el espíritu de Jesús.

Éste es también el mismo Dios al que Jesús exclamó antes: "Dios mío, Dios mío, ¿por qué me has abandonado?" Ahora, él devuelve su espíritu a las manos del Padre. Jesús sabe que Dios está allí mientras termina Su intercesión. Sabía que en las manos del Padre descansaba la esperanza de la resurrección. Fue la resurrección la que demostró la relación entre ellos y respondió a las preguntas.

La Figura de la Crucifixión

La muerte se establece ahora en el cuerpo de Jesús. La crucifixión está en la posición más baja posible, sin nada más que dar, ya que todo le ha sido quitado. El cuerpo se ve como la piel estirada sobre los huesos. Se ha vaciado. En Su resurrección, Él será rellenado de nuevo para ser la fuente de agua viva.

En la resurrección de Jesús, vemos otra comparación entre el Holocausto y la Crucifixión: Jesús fue sepultado por tres días. El pueblo judío fue enterrado durante tres años, de 1945 a 1948. Finalmente, en 1948, el nuevo Estado de Israel se convirtió en el único lugar en el planeta que quería a los supervivientes judíos.

La Figura del Holocausto

La escultura del Holocausto representa ese "entierro" entre 1945 y 1948. Ambas partes del Holocausto se presentan aquí.

Primero, el sobreviviente se ha derrumbado con el manto pesado sobre él, que simboliza los perecidos. La figura ha colapsado, un manto de muerte está sobre ella, cubriéndola, empujándola hacia abajo. Los sobrevivientes tuvieron que regresar a los campos de concentración. No había otro lugar para ir. Ellos estaban sin hogar, sin país, y rotos.

Era como si los supervivientes y los perecidos fueran enterrados juntos. Los campos alojaron las tumbas donde los supervivientes enterraron todo lo que habían conocido. Ahora, entre los años de 1945 y 1948, tuvieron que volver a las tumbas con los perecidos. He conocido sobrevivientes que tuvieron que ser recluidos en los mismos campos de concentración durante todos esos años, entre 1945 y 1948. La expresión facial del Holocausto es una reacción a esta segunda muerte, durante la reclusión. Él está preguntando, "¿Por cuánto tiempo, oh Señor, será mi entierro?"

En segundo lugar, una figura emancipada muy surrealista está entretejida en el grueso paño que representa a los perecidos. La figura de la tela se inclina y cubre al sobreviviente, con las manos hacia arriba. Es la oración de los perecidos al sobreviviente: "En tus manos entregamos nuestros espíritus y nuestra memoria". Es característico de los sobrevivientes sentirse constantemente obligados a recordar a los muertos. El recuerdo de los perecidos es puesto en manos de los supervivientes. Por eso creo que hay tantos monumentos para las víctimas del Holocausto. Estos lugares de rememoración nacen de la misma compulsión: "En tus manos entregamos nuestro espíritu y nuestra memoria".

¿Por qué el Foco en los Judíos?

La gente a menudo me dice: "¿Por qué el gran enfoque en los judíos? Hubo otros muertos en un Holocausto". Es cierto que en el mundo han existido muchos otros genocidios además del judío. Stalin mató a cerca de veinte millones en su genocidio. Entre otros están Camboya, Ruanda y los armenios a manos de los turcos.

Mi respuesta es hacer una pregunta: "Dime ¿por qué Hitler, cuando supo que la guerra estaba llegando a su fin, usó sus propios trenes para transportar a los judíos a Auschwitz?". Estos mismos trenes podrían haber sido usados para salvar a algunas de sus tropas en Rusia, pero estaba resuelto a matar a judíos en su lugar.

¿Por qué sigue habiendo un impulso similar dentro del mundo musulmán para matar a los judíos a toda costa? Son asesinados porque son judíos, no porque sean buenos judíos o malos judíos, buenos humanos o malos humanos, sino simplemente porque son judíos.

¿Qué ocurre con un judío que provoca el genocidio en un Hitler pero al mismo tiempo hace que sus sufrimientos sean conmemorativos en todas partes del planeta? La mayoría de los países tienen días conmemorativos del Holocausto, museos, monumentos, obras de teatro, películas, poemas y canciones para recordar este genocidio.

¿Son sólo los judíos los que tienen ese deseo de expresar su propia memoria? Probablemente no... Hay un profundo impulso dentro del pueblo judío para recordar, pero representan menos del 1 por ciento de la población humana total. ¿Podría ser Dios mismo el que exige este recuerdo?

Resumen

Jesús fue asesinado como "El Rey de los Judíos". Estas son las últimas palabras escritas sobre Su cabeza en tres idiomas. Fue por Su reino y Su apego a los Judíos que completaron Sus sufrimientos. Jesús dijo: "Cuando bebáis el vino y comáis el pan, simbolizando Su cuerpo roto y Su sangre derramada, haced esto en memoria de Mí".
Sus últimas palabras en la cruz fueron: "en tus manos encomiendo mi espíritu". En las manos de Dios regresa como "El Rey de los Judíos". Dios le ha dado a Jesús un lugar de memoria dentro de la historia humana como a ningún otro hombre. Esto también se puede decir para el pueblo judío.

Mientras que otros grupos de personas antiguas han desaparecido del planeta y sólo se recuerdan marginalmente, el pueblo judío todavía está aquí. Como el reino de Jesús es recordado, así serán recordados. Ahora están de vuelta en su antigua patria y son recordados casi todos los días en la prensa mundial.

Dios nunca ha olvidado su alianza o sus promesas hacia ellos porque es un Padre fiel. ¡Son tan recordados porque Él no olvida!

Preguntas para discusión

1. El autor declara: "Sabía que en las manos del Padre descansaba la esperanza de la resurrección. Fue la resurrección la que demostró la relación entre ellos y respondió a las preguntas." Explique por qué la resurrección demuestra la relación entre Jesús y el Padre. ¿Qué preguntas respondió ella por Jesús? ¿Qué preguntas responde por usted?

2. Reflexione sobre la imagen del Panel #7. ¿Qué cree que es el diálogo relacional entre la figura del Holocausto y la figura de la Crucifixión?

3. Después de leer las últimas seis secciones, ¿cuál es su respuesta a la pregunta, "¿Por qué el gran enfoque en los judíos?"?

4. Discuta o escriba un resumen de lo que ha aprendido a lo largo de estas siete secciones sobre el Padre cumpliendo Sus promesas al pueblo judío.

5. ¿Cómo han sido impactados sus puntos de vista, pensamientos o vida de oración por estas siete secciones?

Epílogo "La Mariposa" - Sanación y Vida

Después de la muerte y el entierro, ¿podría haber resurrección?
La pregunta que siempre parecía estar flotando en el aire era si podía haber una relación entre la crucifixión y el Holocausto.
¿Podría haber algo en común entre los sufrimientos de ambos?
La muerte era obviamente una parte de ambos, ¿pero el entierro?
Parecía haber una similitud en el tiempo: Jesús fue enterrado durante 3 días, el pueblo judío durante 3 años, desde la primavera de 1945 hasta la primavera de 1948, cuando Israel se convirtió en una nación propia.
¿Fue esto el final del entierro y el comienzo de la resurrección?

Había creado la pieza "Mariposa" durante mi trabajo en el muro.
El niño en el crematorio había nacido de un libro y una música. El libro era 'Nunca vi otra mariposa', una colección de poesía infantil judía salvada del Holocausto en un gueto llamado Terezin.
La mayoría de estos niños fueron asesinados en las cámaras de gas de Auschwitz-Birkenau. Estos breves poemas se convirtieron en sus últimas palabras.
El poema "Mariposa" fue escrito por Pavel Friedmann el 4 de junio de 1942.

Cuando los paneles y las esculturas estaban casi terminados, surgió la cuestión de la resurrección. Mirando la escultura de la "Mariposa", la mano del niño pasa por la puerta del crematorio, agarrando un pequeño pedazo de tierra - esta es la resurrección del comienzo de un pueblo en una tierra. El niño la posee, se aferra a ella, pero como la mariposa, nunca la ve.
Como la mariposa en la pieza, la resurrección está justo fuera del alcance del niño; ni siquiera la siente, pero es suya.
Las hojas de olivo, que representan el aceite de oliva, cubren el suelo.

En los tiempos bíblicos el aceite se usaba para sanar y ungir. Este aceite sería para Israel, levantándose ahora como una nación de las cenizas de los crematorios; sería para su sanidad y para que conociera la unción de Dios sobre ella.

Me di cuenta de que esta pieza, la "Mariposa", tendría que seguir la representación de "En tus manos encomiendo mi Espíritu". Las dos últimas piezas representarían las dos partes de la resurrección, la tierra de la nación y luego el pueblo.
Primero habría un comienzo físico de la vida y luego una resurrección de la relación.

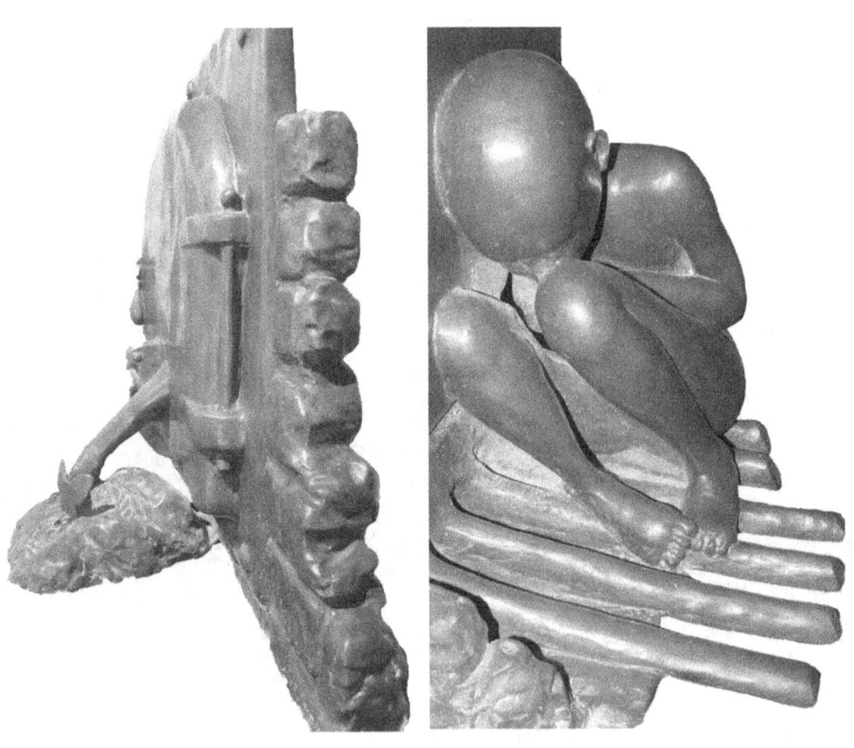

El Abrazo Final y el Cáliz Vacío

La pieza final simboliza la resurrección de la relación, la declaración final de la unión de estas dos personalidades. El cáliz del sufrimiento en Getsemaní, entonces lleno, está vacío. Getsemaní mostró que la crucifixión había sido la voluntad del Padre.

¿Había sido deseado también por el Padre el cáliz del sufrimiento para el pueblo judío?

La mitad de los cuerpos de las dos esculturas salen de las piedras, piedras que representaban a los perecidos.

Debido a que Jesús voluntariamente eligió beber el cáliz, Él ahora sostiene el vaso vacío. Da una esperanza futura, ya que se reconocerán uno a otro en un abrazo que da vida.

Mi oración para este plan de estudios es que todo el que lo siga comprenda la relación del Padre con el pueblo judío y con la Tierra. Su deseo es devolver y restaurar todo lo que les ha sido arrebatado. Se ha identificado de la manera más fuerte con sus sufrimientos.

Dentro de la Crucifixión y el Holocausto existe la posibilidad de un diálogo real. Mi esperanza es que se una a esta intercesión que tan poderosa e intencionalmente le pertenece a Él y sus lágrimas, hasta que la intercesión sea completa y Jerusalén sea una alabanza en toda la tierra.

Rick Wienecke, julio de 2017

Sobre el Artista: Rick Wienecke

En 1976, desde un lugar de desesperación, el canadiense Rick Wienecke comenzó a buscar a Dios. Aunque Rick no era judío, se sintió atraído por Israel y se sintió fascinado por el surgimiento de esta nación. Se preguntó cómo el pueblo judío sobrevivió a la devastación del Holocausto y luego se declaró una nación en 1948 a pesar de las constantes amenazas de aniquilación.

Rick llegó a la conclusión de que si había un Dios, debía tener algo que ver con esos judíos y esta tierra.

Un año más tarde Rick llegó a Israel para trabajar en un kibutz durante seis meses y terminó allí durante siete años. Durante sus años en el kibutz, los tres lugares más profundos de relación de Rick se materializaron: su amor por Jesús cuando se convirtió en un creyente, la tierra y el pueblo de Israel y su esposa Dafna. A través de un milagro Rick recibió la residencia israelí, sirvió en las FDI y luchó en la Primera Guerra del Líbano, para luego recibir la ciudadanía completa. Rick vive en Israel hace más de treinta años.

Durante esos primeros años en el kibutz nació el lenguaje de Rick a través de la escultura. Para él, la escultura es como procesar a través de la oración, escuchar el corazón de Dios y luego tratar de darle una forma tridimensional. Aquellos que ven la Fuente de las Lágrimas experimentan la intercesión.

UNA FUENTE DE LAS LÁGRIMAS EN BIRKENAU

En el sur de Polonia hay un pequeño pueblo llamado Oświęcim. Cuando los nazis ocuparon Polonia durante la Segunda Guerra Mundial, le dieron el infame nombre de Auschwitz. El vecino pueblo de Brzezinka se llamaba en alemán 'Birkenau' y allí, a finales de 1941, los nazis construyeron su campo de concentración. Este campo se convertiría en el mayor centro de matanza del régimen nazi.

A unos 600 metros de Auschwitz-Birkenau, la fundación Fountain of Tears (Fuente de las Lágrimas) compró un pedazo de tierra donde Rick comenzó a construir una réplica de la Fuente de las Lágrimas de Arad, Israel. Se encuentra cerca del punto donde originalmente se efectuaba la selección de los judíos deportados. El mismo, llamado 'Judenrampe', fue utilizado hasta la primavera de 1944. A partir de ese momento, un tren llevó a los deportados a las puertas de Birkenau, permitiendo a los nazis matar aún más efectivamente a los cientos de miles de judíos húngaros que llegaron. Comprensiblemente, no está permitido construir a menos de 500 metros del Campo. La Fuente de las Lágrimas de Birkenau está en un área planeada para la construcción de casas.

No habrá señales que apunten a la fuente ni anuncios. Será un lugar para la reflexión, para orar y consolar a los que lloran las pérdidas. Un lugar en Birkenau donde la gente continúe derramando sus lágrimas.

Cronograma

2010 - El Señor le dice a Rick que cree una Fuente de las Lágrimas en Birkenau. Ese año, el número de judíos que viven en Israel llega a seis millones.

2012 - La fundación Fountain of Tears compra la parcela de tierra en Birkenau.

2013 - El arquitecto termina los bosquejos. Verano: ayudado por voluntarios, Rick comienza a preparar los paneles de la crucifixión en el pequeño taller de madera de las instalaciones.

2014 - Otoño: se colocan los cimientos, tras lo cual se construye el esqueleto de madera del edificio. Rick recibe mucha ayuda de profesionales voluntarios.

2015 - 27 de enero: servicio conmemorativo de los 70 años de la liberación de Auschwitz. El techo se coloca en mayo.

2016 - El edificio está casi terminado. Invierno y verano: Rick está ocupado soldando las partes de bronce de las figuras del Holocausto.

De manera regular, aunque la exposición no está terminada, visitantes de Israel entran a echar un vistazo y ver lo que está sucediendo. Casi el 80% del proyecto está terminado.

2017 - Primavera: el proyecto está 90% terminado.

Semillas en el Viento narra la historia del viaje de Rick Wienecke hacia el sufrimiento del pueblo judío en el Holocausto y la crucifixión de Jesús. A mediados de los años 70s, el estilo de vida de Rick lo llevó a un estado de desesperación donde empezó su búsqueda por Dios. Rick se fascinó con el nacimiento de Israel como nación, apenas tres años después del Holocausto. Preguntándose cómo el pueblo judío sobrevivió, no solo al Holocausto son que también a la Guerra de Independencia él concluye que Dios tiene que tener algo que ver con los judíos y ese país. Al sentirse tan fuertemente atraído hacia Israel, Rick decide trabajar en un kibutz por seis meses. El Señor lo une al pueblo judío, la Tierra de Israel y al Mesías Judío Jesús. El lenguaje dado por Dios a Rick a través de la escultura crece y se desarrolla en estos y otros puntos de la relación. Después de su matrimonio Rick y Dafna aprendieron a seguir su fe y finalmente obedecer el "Encargo Celestial" de crear la "Fuente de Lágrimas". Este diálogo entre el Holocausto y la crucifixión está en Arad y pronto también estará en Auschwitz-Birkenau. Semillas en el Viento es la historia de cómo Dios usa un artista talentoso para compartir el mensaje del Padre a Su gente.

ISBN: 978-965-7542-56-9   **Paperback   220 Páginas**

Fuente de Lágrimas

Sitio Web: http://www.castingseeds.com
Correo Electrónico: castingseeds@gmail.com

Las visitas a La Fuente de Lágrimas DEBEN SER con previo acuerdo. La escultura está situada en una propiedad privada y no es un lugar público. Las citas deben ser hechas con anticipación. Una visita a La Fuente puede durar de 60 a 90 minutos. Por lo general, la presentación es en inglés, pero se puede realizar en otros idiomas. No hay tarifa de admisión. Para reservar una visita, envíenos un correo con las posibles fechas y horas en que desearía realizarla. Por favor especifique el número de personas y el idioma preferido.

www.ingramcontent.com/pod-product-compliance
Lightning Source LLC
Chambersburg PA
CBHW050604160726
48003CB00003B/1041